(la Cour)

GUERRIER

DE

CYTHÈRE

100

Allons, dit-il, à des conquêtes ;
Je vais marcher en vrai vainqueur :
Que d'autres cassent bras ou têtes,
Moi je ne vise que le cœur.

LE GUERRIER

DE

CYTHÈRE,

OU

TOUT AUX DAMES

ÉTRENNES GALANTES

Dédiées au beau Sexe,

pour la présente année.

À PAPHOS,

Au Temple de l'Amour.

Cet Almanach, ainsi qu'un grand nombre d'autres, fins et communs,

SE TROUVE :

A PARIS, chez L. JANET, Libraire, rue St.-Jacques.

A LILLE, chez VANACKERE fils, Imprimeur-Libraire, place du Théâtre, N.º 10.

Et chez les principaux Libraires du Royaume.

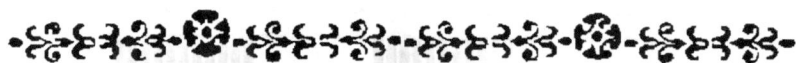

L'EMPIRE DES BELLES.

De la beau —

té ser-vons la cau — se di-

sait Tris-tan à ses guer — —

riers, c'est en combattant pour la

ro — — — — — — se,

Que nous trou-ve-rons des lau—

riers :   Voy-ez ce ca-va-lier fi—

dè — — — le,   rem — por —

Dol.

ter le prix du com-bat, qui, sans l'é-

char — pe   d'u — — — ne

bel – – – – le,   n'eut é –

té   qu'un sim – ple   sol –

dat; qui, sans l'é-char-pe d'u – ne

bel – – – le,   n'eut é – –

té qu'un sim-ple sol-dat, n'eût é–

té , qu'un sim - ple sol - -

dat.

Voyez le gracieux Ovide ,
Lorsqu'exilé par des pervers ,
Braver du Temps la faux rapide,
S'immortaliser par ses vers ;
Il est sur la double colline !
Mais cet auteur j'en suis certain,
Sans le souvenir de Corine ,
N'eût été qu'un simple écrivain.

Pigmalion qui vous étonne ,
N'eut pas toujours un nom fameux ;
Tant que son cœur n'est à personne,
Il ne tient qu'un ciseau honteux ;
Mais lorsque son ame exaltée ,
Des arts veut avoir le laurier,
Il découvre sa Galathée ,
Et n'est plus un simple ouvrier.

L'AMANTE DU MÉNESTREL.

ROMANCE.

« Auprès de celle qu'il adore,
» Ce jéune et vaillant troubadour
» Jà devrait être de retour,
» Et ne l'apperçois pas encore.
» Ah ! pour un cœur tendre et
    constant,
» L'absence est un cruel tourment! »

Ainsi, sur la haute tourelle
Du castel de ses bons aïeux,
S'exprimait, les larmes aux yeux,
Une gentille jouvencelle.
Las ! belle au cœur tendre et cons-
   tant,
Pense toujours à son amant.

Lors, vers ce lieu quelqu'un s'avance:
Est-ce le noble chevalier....
Non, c'est son fidèle écuyer....
Un crêpe est autour de sa lance.
Ah ! pour ton cœur tendre et cons-
   tant,
Pauvre Gertrude, quel tourment !

Elle apprend qu'aux champs de Syrie
Mirval a reçu coup mortel.
« Vais te rejoindre, ô ménestrel ! »
Dit Gertrude en quittant la vie.
Las ! belle au cœur tendre et cons-
    tant,
Ne survit pas à son amant.

✦ ✦✦✦✦✦✦✦✦✦✦✦✦✦✦✦✦✦✦✦✦✦✦

LES CHAPEAUX DE PAILLE.

Air : *Des fraises.*

GRACE aux caprices nouveaux,
    Quelque part que l'on aille,
Dans nos villes, nos hameaux,
On ne voit plus que chapeaux
        De paille.   *ter.*

Moissonneurs, prenez vos faux,
    Qu'avec zèle on travaille :
Ces épis aux longs tuyaux,
Un jour seront des chapeaux
        De paille.   *ter.*

Si nos ânes, nos chevaux
    Manquaient de victuaille,
Pour ces pauvres animaux
Conservons nos vieux chapeaux.
        De paille.   *ter.*

L'AMANT DISCRET.

ROMANCE.

Air : *De la Soirée orageuse.*

Près de toi règne le plaisir,
Et près de toi s'accroît ma peine ;
Ma raison me dit de te fuir,
Et sur tes pas mon cœur m'entraîne.
Agité de secrets tourmens,
Tout bas, je souffre et je soupire :
J'ai deviné ce que je sens,
Mais je n'ose pas te le dire.

Quelquefois mon luth amoureux,
Confident d'une âme craintive,
A, de ses sons harmonieux,
Aidé ma voix tendre et plaintive ;
Mon luth encor, quand je te vois,
T'exprime mon brûlant délire ;
Lis dans mes yeux, entends ma
     voix,
Car je n'ose pas te le dire.

Peut-être un jour, moins malheu--
reux,
L'espoir calmera ma souffrance.
Ah! dans mon cœur combien mes
feux
Seront accrus par mon silence !
Mais de mon tendre sentiment,
Si mes regards ont su t'instruire,
Tu connais ma flamme, et pourtant
Je n'ai point osé te le dire.

FAISONS LA PAIX.

ROMANCE.

Faisons la paix, viens ma Gly-
cère,
Par un baiser sécher mes pleurs.
Trop long-tems un regard sévère
Remplaça de tendres faveurs.
Rends-moi ton gracieux sourire,
Que l'espoir charme mes regrets;
D'un mot d'amour termine mon
martyre.
Faisons la paix.

ons la paix, dit à la rose
papillon qui s'est enfui ;
sur ton sein je me repose,
a fleur s'entr'ouvre pour lui.
ant son amoureux caprice,
le retient à jamais.
cette fleur suis l'exemple pro-
pice.
Faisons la paix.

sons la paix, reviens encore
armer mes rapides instans ;
nds à mon cœur ce qu'il adore,
rtage encore ce que je sens.
rigueur double ma constance,
je me fixe à tes attraits.
de l'amour tu chéris la puissance,
Faisons la paix.

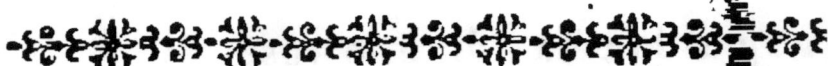

LA FEUILLE.

CHANSON.

Air : *De la Croisée.*

On a toujours chanté les fleurs,
Et jamais la simple verdure ;
Pourtant de leurs vives couleurs,
Elle fait aussi la parure :
Ah ! que du sujet la fraîcheur,
Muse aimable, en toi se recueille !
Tu paraîtras, comme une fleur ;
    Te jouer sur la feuille.

Si dans les combats les héros
Bravent mille morts toujours prêtes,
Si dans leurs sublimes travaux
S'abrègent les jours des poètes,
La gloire, pour leur front altier,
Fuit les fleurs qu'un seul jour es—
    feuille ;
Pour eux de l'immortel laurier
    Elle adopta la feuille.

La feuille annonce le printems
Et le couronne la première ;
Elle prête aux bois, aux amans,
L'ombre, le frais et le mystère ;
Mais devant l'éternel vieillard,
Hélas ! la verdure s'effeuille,
Et sa faux nous fait tôt ou tard
 Partir comme la feuille.

VOICI LA NUIT.

ROMANCE.

Voici la nuit.
Moi qui d'amour subis le doux
 servage,
Au rendez-vous je m'avance sans
 bruit ;
Oiseaux, en paix dormez dans le
 bocage,
Je vais revoir la beauté qui m'en-
 gage.
 Voici la nuit.

Voici la nuit.

Du rossignol la voix tendre et tou-
chante,
Au loin encor résonne et me séduit ;
Protège, amour, la marche chan-
celante
De ma Myrthé, de ma fidèle amante.
Voici la nuit.

Voici la nuit.

J'attends en vain..... mais non,
Myrthé s'avance !
Le tendre amour dans mes bras la
conduit.
De mon bonheur, ô flatteuse espé-
rance !
Viens, ma Myrthé, couronner ma
constance.
Voici la nuit.

D'ASSAS.
CHANT HÉROIQUE.
Air à faire.

LA nuit couvre les cieux , dans le
  camp tout sommeille.
Seul , D'Assas veille encore ; au
  sein d'un bois épais ,
Guidé par ses soupçons , il va prê-
  tant l'oreille ,
S'arrête , approche et tombe au
  pouvoir de l'Anglais.
Infortuné D'Assas! meurs , ou , par
  ton silence ,
Livre au glaive étranger nos guerriers endormis!
C'en est fait , de sa bouche un der-
  nier cri s'élance :
    Auvergne! à moi! ce sont les
    ennemis!

Percé de mille coups , D'Assas a
  rendu l'âme ;
Mais par lui l'Insulaire a vu trom-
  per ses vœux ;
Et nos vaillans soldats que la ven-
  geance enflamme ,

D'un combat obstiné sortent victorieux.
Debout près de leur chef, ces fiers
compagnons d'armes
Que d'un trépas certain il a seul
affranchis,
Répètent tour à tour, les yeux
mouillés de larmes,
    Auvergne ! à moi ! ce sont les
    ennemis !

D'un dévouement sublime éterni-
sant la gloire,
Ton nom, ô courageux et sensible
D'Assas !
Dans les brillans concerts des
Filles de mémoire
Suivra ceux des Codrus et des
Léonidas.
Vers les bords fréquentés que le
Gard fertilise
Portons de ce héros les augustes
débris,
Français ! et sur sa tombe inscri-
vons pour devise :
    Auvergne ! à moi ! ce sont les
    ennemis !

LES TROIS BAISERS.

CHANSONNETTE.

Air : *De sommeiller encor, ma chère.*

J'AVAIS pris Lise pour amie,
Elle avait grâces et candeur :
Ma Lise, au printems de sa vie,
Était l'image d'une fleur ;
Un jour, sa pudeur s'effarouche,
Elle pleure et rit tour-à-tour ;
Ma bouche a cueilli sur sa bouche
Le premier baiser de l'amour.

On sait qu'un amant en délire
Prend un baiser, puis un second ;
Fillette timide en soupire,
Mais bientôt fillette y répond :
Cependant Lise un peu confuse,
Pour défense oppose sa main ;
Elle fait plus, elle refuse
En disant : « Le reste à demain. »

Las ! le lendemain sur l'herbette,
Je la trouve auprès d'un ruisseau,
Les yeux baissés, triste, seulette,
Sans collerette et sans chapeau ;
Déjà ma bouche impatiente
Réclame le baiser promis ;
« Hélas ! me répond l'innocente,
» Tu viens trop tard, Lucas l'a
    pris. »

VAUDEVILLE.

Air à faire.

De ce bon vin qu'à forte dose,
Je bois pendant tous mes repas,
Amis, dites-moi quelque chose ;
Mais de cette eau dont on arrose
Le chou, la rave ou le lilas...
Mes amis, ne me parlez pas !

De cette belle au teint de rose,
Dont les amours suivent les pas,
Amis, dites-moi quelque chose ;
De la coquette qui compose
Son teint et ses autres appas...
Mes amis ne me parlez pas !

De l'ami qui, sans nulle clause,
Me prête au besoin ses ducats,
Amis, dites-moi quelque chose ;
De celui dont la bourse est close
A ses amis dans l'embarras...
Mes amis, ne me parlez pas !

Des lieux on l'on ne se propose
Que de jouir de doux ébats,
Amis, dites moi quelque chose ;
Mais de ces bals on l'on expose
Tout son or sur un maudit as...
Mes amis, ne me parlez pas !

Des petits cercles où l'on cause
Sans contrainte dans tous les cas,
Amis, dites-moi quelque chose ;
Des grands salons où l'on s'impose
La gêne de parler bien bas...
Mes amis, ne me parlez pas !

Des vers qu'on peut lire sans pause,
Qui sont nobles ou délicats,
Amis, dites-moi quelque chose ;
Mais de ces poëmes en prose,
Romantique galimatias...
Mes amis, ne me parlez pas !

Des pièces que Picard compose,
Où nous allons rire aux éclats,
Amis, dites-moi quelque chose;
Mais de nos drames à l'eau rose,
De nos ennuyeux operas...
Mes amis, ne me parlez pas!

De l'écrivain qui nous expose
La sottise de nos Midas,
Amis, dites-moi quelque chose;
De celui qui métamorphose.
Le nain, le pygmée en Atlas...
Mes amis, ne me parlez pas!

De ce guerrier qui se repose
Après de glorieux combats,
Amis, dites-moi quelque chose;
Mais de ces brouillons qui sont
  cause
Des maux qui troublent les états...
Mes amis, ne me parlez pas!

S'ils vous plaisaient ces vers en *ose*,
Ainsi que leurs frères en *as*,
Amis, dites-m'en quelque chose;
Mais si, comme je le suppose,
Vous les trouvez fades et plats...
Mes amis, ne m'en parlez pas!

LA BEAUTÉ QUE J'AIME.

ROMANCE.

Air : *Au clair de la lune.*

LA beauté que j'aime,
Simple en ses penchans,
Ignore elle-même
Ses attraits touchans.
Qui la voit sourire
S'éloigne à regret !
D'où naît son empire ?
C'est là son secret.

La beauté que j'aime
Porte en son regard
Sa candeur suprême,
Et lorsqu'avec art
Toute autre à sa place
S'en embellirait,
Embellir la grâce,
C'est là son secret.

La beauté que j'aime
A compris mes vœux,
Quand mon trouble extrême
Fit seul mes aveux ;

Mais l'amour fidèle
De ce cœur discret
Y répondra-t-elle ?....
C'est là son secret.

A DELPHINE.
ROMANCE.
Air à faire.

Quand je te vois, un feu rapide
Vient soudain pénétrer mes sens ;
Si je t'approche, à tes accens
Comme j'ouvre une oreille avide !
    Si je fixe tes yeux
    Ou si ta main me touche,
    Si j'effleure ta bouche,
    Combien je suis heureux !

Hélas ! je languis, je soupire,
Je brûle.... et ne me connais plus....
Plein d'amour, tremblant d'un refus,
J'épie avec soin ton sourire ;
    Mais cet air sérieux
    Que tu reprends si vîte,
    Me désole et m'irrite ;
    Que je suis malheureux !

is mon bonheur, ou romps la
chaîne
ne forma notre double foi ;
éprouve à présent près de toi
op de plaisir, ou trop de peine ;
  Ne trompe pas des vœux
  Que tu promis d'entendre :
  Hélas ! tu vas me rendre
  Heureux ou malheureux !

MA JUSTIFICATION.

CHANSONNETTE.

r : *Du vaudev. des Visitandines.*

D'INCONSTANT , je ris quand j'y
  pense ,
hacun se plaît à me traiter,
'est le refrain qu'en mon absence
n entend partout répéter.
n me fait la guerre, on m'accuse ;
Iais, vraiment, je ne sais pourquoi ;
t par ces vers, tu vas, je crois,
nger à quel point l'on s'abuse.

4

Vois ce papillon, Théodore,
Se promenant de fleur en fleur;
Il approche, fuit, vient encore,
Sans que nulle fixe son cœur;
Mais à peine une jeune rose,
Par son éclat, frappe ses yeux,
Désespérant de trouver mieux,
Le papillon vole et s'y pose.

Si, brûlant d'une ardeur nouvelle,
Sans contracter aucun lien
Je voltige de belle en belle,
L'inconstance n'est là pour rien;
C'est simplement de la prudence:
A mon sort l'une doit s'unir,
Et je veux, pour la mieux choisir,
En essayer mille d'avance.

❦❦❦❦❦❦❦❦❦❦❦❦❦❦❦❦❦❦❦❦

LES AMOURS
ET LA SOLITUDE.
ROMANCE.

Air : *Vous vieillirez, ó ma belle*
maitresse !

A leur réveil, les chantres de
l'aurore

Rendent hommage au flambeau
  des saisons.
O mes amis! je veux rêver encore
Près du ruisseau qui baigne ces
  gazons.
Légers parfums de la fraîche prairie,
Attrait si doux des innocentes fleurs,
Entretenez ma vague rêverie,
Et dans mes yeux venez sécher les
  pleurs.

Lorsque la Gloire, aimable en-
  chanteresse,
S'offrit à moi dans ses brillans
  atours,
D'un vain encens je savourai
  l'ivresse;
Je vais dormir sur le sein des
  Amours.
O Solitude! amante du Mystère!
Verse sur moi ton ombrage em-
  baumé.
S'il est pour l'homme un espoir sur
  la terre,
S'il est un bien, c'est celui d'être
  aimé.

J'ai vu fléchir sous un joug tyran-
   nique
Plus d'un grand peuple abandonné
   des cieux ;
Régner le meurtre ; et la Muse
   impudique
Brûler l'encens sur l'autel des faux
   dieux.
Entre eux j'ai vu, dans la sanglante
   arène,
Lutter le crime et les droits les
   plus saints,
Et la Discorde assise en souveraine
Sur les débris entassés par ses
   mains.

Heureux qui peut, d'une âme libre
   et fière,
Se recueillir en son obscurité,
Et, de l'erreur secouant la pous-
   sière,
Chercher en paix l'auguste vérité..
La noble étude et la veille ignorée
Lui font du cœur retrouver le
   trésor :
Et s'il possède une épouse adorée
Sur la tempête il jète un voile d'or..

Ah ! si mon luth perdait son inno-
cence,
Des chastes sœurs s'il étouffait la
voix,
Pour caresser la profane licence,
Pour applaudir aux querelles des
rois ;
Je n'oserais, sous ce riant feuillage,
Accompagner les rustiques chansons ;
L'oiseau tremblant fuirait loin du
bocage ;
L'écho muet méconnaîtrait mes
sons.

O mes amis ! cachons bien notre vie ;
D'un court bonheur rendons grâce
au destin,
Qui nous donna la rose épanouie
Pour couronner la coupe du festin.
Disparaissez, prestiges infidèles
Qu'offre le monde à ses vulgaires
dieux ;
Anges d'amour, couvrez-moi de
vos ailes ;
Sommeil des champs, descendez
sur mes yeux.

JE LA VOYAIS!
ROMANCE.
Air à faire.

JE la voyais, cet ange de bonté!!
Son œil touchant, que rien ne sau-
    rait peindre,
    Sur moi tristement arrêté,
    En secret paraissait me plaindre...
Ce doux aspect fait tressaillir mon
    cœur ;
Et dans l'ivresse où son charme me
    plonge,
    J'allais croire encor au bonheur...
    Mais, hélas! ce n'était qu'un songe.

Je la voyais! les accords de sa voix,
De cette voix qui pénètre dans l'âme,
    De l'amour célébrant les lois,
    Traçaient l'histoire de ma flamme.
Ces doux accens font tressaillir mon
    cœur ;
Et dans l'ivresse où leur charme me
    plonge,
    J'allais encor croire au bonheur...
    Mais, hélas! ce n'était qu'un songe.

Je la voyais ! un amoureux hasard
Nous réunit un instant dans la foule.
  « A tes maux, ami, j'ai pris part ;
  » Comptons sur le tems qui
    s'écoule. »
Ce doux aveu fait tressaillir mon
  cœur ;
Et dans l'ivresse où son charme me
  plonge,
  J'allais croire encor au bonheur...
  Mais, hélas ! ce n'était qu'un
  songe.

Je la voyais ! son père sans courroux
Daignait enfin couronner ma ten-
  dresse :
  « Que l'avenir, heureux époux,
  « Du passé chasse la tristesse ! »
Ces mots si doux font tressaillir
  mon cœur ;
Et dans l'ivresse où leur charme
  me plonge,
  J'allais croire encor au bonheur...
  Mais, hélas ! ce n'était qu'un
  songe.

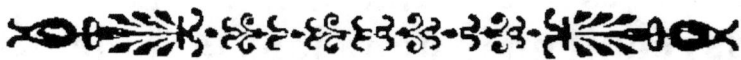

PORTRAIT DE MÉLANIE.

Traits charmans, sourire en-
    chanteur,
Tendre regard, bouche jolie,
Esprit naturel et candeur,
C'est le portrait de Mélanie.

Vous qui préférez à l'amour
Une triste philosophie,
Ah! vous changeriez sans retour,
Si vous aviez vu Mélanie.

Jadis de mille objets épris,
De vains désirs troublaient ma vie:
De l'amour je sens tout le prix
Depuis que j'aime Mélanie.

Aimer est-ce assez pour le cœur?
Non ; l'on veut plaire à son amie.
Que manque-t-il à mon bonheur ?
Je suis aimé de Mélanie.

CALENDRIER

GRÉGORIEN,

POUR L'ANNÉE BISSEXTILE

1824.

A LILLE,

Chez VANACKÈRE FILS, Imprimeur-Libraire,
place du Théâtre, N.º 10.

ARTICLES DU CALENDRIER.

SIGNES DU ZODIAQUE.

	Septentrion.		Méridionaux
♈ Le Bélier.		♎ La Balance.	
♉ Le Taureau.		♏ Le Scorpion.	
♊ Les Gémeaux.		♐ Le Sagittaire.	
♋ L'Ecrevisse.		♑ Le Capricorne.	
♌ Le Lion.		♒ Le Verseau.	
♍ La Vierge.		♓ Les Poissons.	

☉ Le Soleil.

FIGURES ET NOMS DES PLANÈTES.

☿ Mercure.	♃ Jupiter.	♀ Pallas.
♀ Vénus.	♄ Saturne.	
⊕ La Terre.	♅ Uranus.	Junon.
♂ Mars.	♨ Cérès.	Vesta.

☾ La Lune, satellite de la Terre.

SAISONS.

Printemps, 20 Mars, à 3 h. 41′ du soir.	*Automne*, 23 Septembre, à 3 h. 5′ du matin.
Été, 21 Juin, à 1 h. 8′ du soir.	*Hiver*, 21 Décembre, à à 8 h. 11′ du soir.

FÊTES MOBILES.

Septuagésime, 15 *Fév.*	TRINITÉ, 13 *Juin.*
Cendres, 3 *Mars.*	FÈTE-DIEU, 17 *Juin.*
PAQUES, 18 *Avril.*	Avent, 28 *Novembre.*
Rogat., 24, 25 et 26 *Mai.*	De l'Epiphanie à la Sep-
ASCENSION, 27 *Mai.*	tuagésime, 5 *Dim.*
PENTECOTE, 6 *Juin.*	De la Pent. à l'Av. 24 *D.*

Comput Ecclésiastique.	*Quatre-Temps.*
Nombre d'or . . . . 1.	Mars 10, 12 et 13.
Epacte 0	Juin 9, 11 et 12.
Cycle solaire . . . 13.	Septembre 15, 17 et 18.
Indiction Romaine. 12.	Décembre 15, 17 et 18.
Lettre Dominicale. DC.	

JANVIER 1824. *Signe*, le Verseau. ═

N. L. le 1, à 8 h. 16' du mat.   *Apogée le 3.*
P. Q. le 9, à 0 h. 45' du soir. *Périgée le 16.*
P. L. le 16, à 8 h. 59' du mat. *Apogée le 30.*
D. Q. le 23, à 1 h. 56' m. — N. L. le 31, à 3 h. 57' m.

JOURS DATES et Noms des Saints.			Lev. du ☉	Cou. du ☉	Lever de la ☽	Couch. de la ☽
			H. M.	H. M.	H. M.	H. M.
1	j.	Circoncision	7 53	4 8	8 6 Matin.	4 15 Soir.
2	v.	s. Macaire, ab.	7 52	4 8	8 36	5 20
3	s.	ste. Genevièv.	7 52	4 9	9 1	6 27
4	D.	s. Rigobert.	7 51	4 9	9 20	7 34
5	l.	s. Siméon, styl.	7 50	4 10	9 39	8 39
6	m.	Epiphanie.	7 50	4 10	9 55	9 44
7	m.	s. Lucien, év.	7 49	4 11	10 11	10 50
8	j.	ste. Gudule.	7 48	4 12	10 27	11 58
9	v.	s. Julien, m.	7 48	4 13	10 45	Matin.
10	s.	s. Guillaume.	7 47	4 14	11 7	1 10
11	D.	s. Hygin, pap.	7 46	4 14	11 34	2 24
12	l.	s. Arcade, m.	7 45	4 15	0 12 Soir.	3 40
13	m.	Bapt. de N. S.	7 44	4 16	1 1	4 52
14	m.	s. Hilaire, év.	7 43	4 17	2 4	6 0
15	j.	s. Nom de Jés.	7 42	4 18	3 22	6 54
16	v.	s. Fursi, abb.	7 41	4 20	4 48	7 35
17	s.	s. Antoine, ab.	7 40	4 21	6 15	8 7
18	D.	C. s. Pierre à R.	7 39	4 22	7 41	8 32
19	l.	s. Canut, Roi.	7 38	4 23	9 4	8 53
20	m.	ss. Fabien et S.	7 36	4 24	10 23	9 14
21	m.	ste. Agnès, v.	7 35	4 25	11 41	9 35
22	j.	s. Vincent, m.	7 34	4 27	Matin.	9 55
23	v.	s. Raymond.	7 33	4 28	0 57	10 19
24	s.	s. Timothée.	7 31	4 29	2 10	10 49
25	D.	Conv. de s. P.	7 30	4 30	3 19	11 23
26	l.	s. Polycarpe.	7 29	4 32	4 20	0 6 Soir.
27	m.	s. Jean-Chrys.	7 27	4 33	5 13	0 58
28	m.	s. Charlemag.	7 26	4 35	5 56	1 58
29	j.	s. Franç. de S.	7 25	4 36	6 30	3 2
30	v.	ste. Aldegond.	7 23	4 38	6 57	4 8
31	s.	s. Pierre Nol.	7 22	4 39	7 19	5 24

FEVRIER. *Signe*, les Poissons.)(

☽ P. Q. le 8 , à 3 h. 12' du matin. *Périgée le 14.*
☾ P. L. le 14, à 7 h. 34' du soir.
☽ D. Q. le 21, à 5 h. 25' du soir. *Apogée le 26.*
● N. L. le 29, à 10 h. 48' du soir.

JOURS, DATES et Noms des Saints.			Lev. du ☉	Cou. du ☉	Lever de la ☽	Couc. de la ☽	
			H. M.	H. M.	H. M.	H. M.	
1	D.	s. Ignace , év.	7 20	4 41	7 38	6 21	
2	l.	PURIFICATION	7 19	4 42	7 55	7 27	
3	m.	s. Blaise , év.	7 17	4 44	8 11	8 34	
4	m.	s. André de C.	7 16	4 45	8 27	9 41	
5	j.	ste. Agathe , v.	7 14	4 47	8 45	10 50	
6	v	ste. Dorothée.	7 12	4 48	9 5	Matin.	
7	s.	s. Romuald.	7 11	4 50	9 29	0 1	
8	D.	s. Jean de M.	7 9	4 51	10 3	1 15	
9	l.	ste. Apolline.	7 8	4 53	10 42	2 26	
10	m.	ste. Scholastiq.	7 6	4 55	11 3	3 35	
11	m.	s. Séverin, ab.	7 4	4 56	0 46	4 33	
12	j.	ste. Eulalie , v.	7 3	4 58	2 8	5 20	
13	v.	s. Martinien.	7 1	5 0	3 35	5 58	
14	s.	s. Valentin, p.	6 59	5 1	5 2	6 27	
15	D.	*Septuagésime*	6 58	5 3	7 29	6 51	
16	l.	ste. Julienne.	6 56	5 5	7 52	7 13	
17	m.	s. Donat , m.	6 54	5 6	9 15	7 34	
18	m	s. Siméon , év.	6 53	5 8	10 35	7 55	
19	j.	s. Gabin , m.	6 51	5 10	11 51	8 19	
20	v.	s. Eleuthère.	6 49	5 12	Matin.	8 47	
21	s	s. Flavien.	6 47	5 13	1 4	9 21	
22	D.	*Sexagésime.*	6 46	5 15	2 10	10 2	
23	l.	s. Florent , c.	6 44	5 17	3 7	10 52	
24	m.	s. Prétextat.	6 42	5 19	3 53	11 50	
25	m.	s. Mathias, ap.	6 41	5 20	4 30	0 53	
26	j.	s. Césaire, c.	6 39	5 22	5 0	1 59	
27	v.	s. Alexandre.	6 37	5 24	5 25	3 5	
28	s.	ste. Honorine.	6 35	5 26	5 45	4 12	
29	D.	*Quinquagés.*	6 33	5 27	6 3	5 19	

MARS. *Signe*, le Belier. ♈

P. Q. le 8, à 2 h. 19' du soir. *Périgée le* 13.
P. L. le 15, à 5 h. 46' du matin.
D. Q. le 22, à 11 h. 20' du matin. *Apogée le* 25.
N. L. le 30, à 3 h. 11' du soir.

JOURS, DATES et Noms des Saints.	Lev. du ☉	Cou. du ☉	Lever de la ☽	Couc. de la ☽
	H. M.	H. M.	H. M.	H. M.
1 l. s. Aubin, év.	6 32	5 29	6 19 Matin.	6 25 Soir.
2 m. s. Simplice, p.	6 30	5 31	6 36	7 32
3 m. *Les Cendres.*	6 28	5 33	6 54	8 43
4 j. s. Casimir, c.	6 26	5 35	7 14	9 54
5 v. s. Théophile.	6 24	5 36	7 37	11 6
6 s. ste. Colette, v.	6 23	5 38	8 7	Matin.
7 D. *Quadragésim.*	6 21	5 40	8 44	0 18
8 l. s. Jean de Dieu.	6 19	5 42	9 32	1 27
9 m. ste. Françoise.	6 17	5 44	10 35	2 27
10 m. Les 40 M. 4 T.	6 15	5 45	11 48	3 13
11 j. s. Firmin, ab.	6 14	5 47	1 10 Soir.	3 57
12 v. s. Grégoire 4 T.	6 12	5 49	2 35	4 29
13 s. ste. Euphr. 4 T	6 10	5 51	4 0	4 55
14 D. *Reminiscere.*	6 8	5 53	5 25	5 18
15 l. s. Longin, m.	6 6	5 54	6 48	5 40
16 m. s. Abraham, er.	6 5	5 56	8 10	6 1
17 m. s. Patrice, év.	6 3	5 58	9 31	6 25
18 j. s. Gabriel, ar.	6 1	6 0	10 48	6 52
19 v. s. Joseph, c.	5 59	6 2	11 59	7 24
20 s. s. Joachim, c.	5 57	6 3	Matin.	8 3
21 D. *Oculi.*	5 56	6 5	1 1	8 52
22 l. s. Basile.	5 54	6 7	1 54	9 48
23 m. s. Victorien, c.	5 52	6 9	2 35	10 49
24 m. s. Siméon.	5 50	6 11	3 8	11 54
25 j. ANNONCIAT.	5 48	6 13	3 35	1 1 Soir.
26 v. s. Ludger, év.	5 47	6 14	3 57	2 8
27 s. s. Rupert, év.	5 45	6 16	4 56	3 15
28 D. *Lœtare.*	5 43	6 18	4 33	4 22
29 l. s. Bertolde, c.	5 41	6 20	4 50	5 29
30 m. s. Amédée, duc	5 39	6 22	5 8	6 39
31 m. s. Benjamin.	5 38	6 23	5 27	7 50

AVRIL. *Signe*, le Taureau. ♉

☽ P. Q. le 6, à 10 h. 27' du soir. *Périgée le 10...01*
☽ P. L. le 13, à 8 h. 56' du soir.
☽ D. Q. le 21, à 6 h. 20' du matin. *Apogée le 22...*
☽ N. L. le 29, à 4 h. 34' du matin.

JOURS, DATES et Noms des Saints.	Lev. du ☉	Cou. du ☉	Lever de la ☽	Couc. de la ☽	
	H. M.	H. M.	H. M.	H. M.	
1 j. s. Hugues, év.	5 36	6 25	5 50 Matin	9 3 Soir	
2 v. s. François de P.	5 34	6 27	6 18	10 16	
3 s. s. Richard, év.	5 32	6 29	6 54	11 26	
4 D. *La Passion.*	5 30	6 31	7 39	Matin.	
5 l. s. Vincent Fer.	5 29	6 32	8 37	0 29	
6 m. s. Célestin, p.	5 27	6 34	9 46	1 22	
7 m. s. Hégésippe.	5 25	6 36	11 1	2 3	
8 j. s. Albert, pat.	5 23	6 38	0 23 Soir	2 37	
9 v. *N.-D. des 7 D.*	5 22	6 39	1 45	3 4	
10 s. s. Macaire, év.	5 20	6 41	3 7	3 28	
11 D. *Les Rameaux.*	5 18	6 43	4 29	3 50	
12 l. s. Jules, pape.	5 16	6 45	5 50	4 11	
13 m. s. Herménégil.	5 14	6 46	7 11	4 33	
14 m. s. Tiburce.	5 13	6 48	8 30	4 59	
15 j. *La Cène.*	5 11	6 50	9 44	5 28	
16 v. *Mort de N. S.*	5 9	6 51	10 52	6 5	
17 s. s. Anicet, p.	5 8	6 53	11 50	6 50	
18 D. *PAQUES.*	5 6	6 55	Matin.	7 43	
19 l. *Pâques.*	5 4	6 57	0 36	8 44	
20 m. s. Théodore, c.	5 3	6 58	1 14	9 50	
21 m. s. Anselme, év.	5 1	7 0	1 43	10 56	
22 j. s. Soter.	4 59	7 2	2 7	0 2 Soir	
23 v. s. Georges, m.	4 58	7 3	2 26	1 8	
24 s. s. Fidèle, m.	4 56	7 5	2 45	2 14	
25 D. *Quasimodo.*	4 54	7 7	3 2	3 21	
26 l. s. Clèt, p. m.	4 53	7 8	3 20	4 30	
27 m. s. Anthime, év.	4 51	7 10	3 38	5 41	
28 m. s. Vital, mart.	4 49	7 11	4 0	6 54	
29 j. s. Pierre, m.	4 48	7 13	4 26	8 8	
30 v. ste. Catherine S.	4 46	7 15	4 59	9 20	

MAI. *Signe*, les Gémeaux. ♊.

P. Q. le 6, à 4 h. 24' du matin. *Périgée le 6.*
P. L. le 13, à 2 h. 44' du matin. *Apogée le 19.*
D. Q. le 21, à o h. 46' du matin.
N. L. le 28, à 3 h. 12' du soir. *Périgée le 31.*

JOURS, DATES et Noms des Saints.			Lev. du ☉	Cou. du ☉	Lever de la ☽	Couch. de la ☽
			H. M.	H. M.	H. M.	H. M.
1	s.	ss. Jacq. et Ph.	4 45	7 16	5 42 Matin	10 28 Soir
2	D.	s. Athanase, p.	4 43	7 18	6 37	11 24
3	l.	Inv. de ste. Cr.	4 42	7 19	7 43	Matin.
4	m.	ste. Monique.	4 40	7 21	8 58	0 9
5	m.	s. Maurant, ab.	4 38	7 22	10 18	0 45
6	j.	s. JEAN P. Lat.	4 37	7 24	11 39	1 13
7	v.	ste. Flavie.	4 35	7 25	0 58 Soir	1 37
8	s.	App. de s. Mic.	4 34	7 27	2 17	1 59
9	D.	Tr. de s. Nic.	4 32	7 28	3 36	2 19
10	l.	s. Antonin, arc.	4 31	7 30	4 55	2 41
11	m.	s. Gengoul, m.	4 30	7 31	6 12	3 4
12	m.	s. Nérée, m.	4 28	7 33	7 29	3 31
13	j.	s. Servais, év.	4 27	7 34	8 39	4 6
14	v.	s. Boniface, m.	4 25	7 35	9 41	4 46
15	s.	s. Isidore, m.	4 24	7 37	10 32	5 36
16	D.	s. Honoré, év.	4 23	7 38	11 13	6 34
17	l.	ste. Restitue, v.	4 21	7 39	11 45	7 38
18	m.	s. Venant, m.	4 20	7 40	Matin.	8 44
19	m.	s. Yves, conf.	4 19	7 42	0 11	9 50
20	j.	s. Bernardin.	4 18	7 43	0 37	10 56 Soir
21	v.	s. Hospice, réc.	4 17	7 44	0 53	0 2
22	s.	ste. Julie, v. m.	4 15	7 45	1 8	1 8
23	D.	s. Didier, arch.	4 14	7 46	1 24	2 14
24	l.	ste. Jeanne Rog	4 13	7 47	1 43	3 24
25	m.	s. Urbain. Rog.	4 12	7 48	2 3	4 35
26	m.	s. Philippe Rog	4 11	7 49	2 27	5 49
27	j.	ASCENSION.	4 10	7 50	2 57	7 3
28	v.	s. Germain, év.	4 9	7 51	3 35	8 13
29	s.	s. Maxime, év.	4 8	7 52	4 24	9 13
30	D.	s. Ferdinand.	4 7	7 53	5 28	10 4
31	l.	ste. Pétronille.	4 6	7 54	6 43	10 43

JUIN. *Signe*, l'Ecrevisse. ♋

P. Q. le 4 , à 9 h. 19′ du matin.
P. L. le 11 , à 2 h. 47′ du soir.　　*Apogée le* 16.
D. Q. le 19 , à 5 h. 30′ du soir.
N. L. le 26 , à 11 h. 48′ du soir.　*Périgée le* 28.

DATES, JOURS et Noms des Saints.			Lev. du ☉	Cou. du ☉	Lever de la ☽		Couch. de la ☽	
			H. M.	H. M.	H.	M.	H.	M.
1	m.	s. Fortuné, c.	4 5	7 55	8	4	11	15
2	m.	s. Erasme , m.	4 5	7 56	9	25	11	41
3	j.	ste. Clotilde.	4 4	7 57	10	46	Matin.	
4	v.	s. Quirin, év.	4 3	7 57	0	5	0	2
5	s.	s Boniface, év.	4 2	7 58	1	22	0	23
6	D.	PENTECOTE	4 2	7 59	2	39	0	42
7	l.	*Pentecôte.*	4 1	7 59	3	56	1	5
8	m.	s. Médard, év.	4 0	8 0	5	11	1	31
9	m.	ste. Pélagie. 4 T	4 0	8 2	6	22	2	0
10	j.	s. Landri , év.	3 59	8 1	7	26	2	37
11	v.	s. Barnabé. 4 T	3 59	8 1	8	22	3	24
12	s.	s. Onuphre. 4 T	3 59	8 2	9	6	4	19
13	D.	*Trinité.*	3 58	8 2	9	41	5	10
14	l.	s. Basile-le-Gr.	3 58	8 2	10	9	6	26
15	m.	ss. Vite et Mod.	3 58	8 3	10	32	7	33
16	m.	s. Franç. Régis.	3 57	8 3	10	51	8	39
17	j.	*Fête-Dieu.*	3 57	8 3	11	8	9	44
18	v.	ste. Marine, v.	3 57	8 3	11	25	10	49
19	s.	s. Gervais et P.	3 57	8 3	11	41	11	54
20	D.	s. Silvère, pap.	3 57	8 4	Matin.		1	1
21	l.	s. Louis de G.	3 57	8 4	0	0	2	10
22	m.	s. Paulin , év.	3 57	8 4	0	22	3	21
23	m.	s. Liébert. V. J.	3 57	8 3	0	48	4	35
24	j.	*Oct. de la F. D.*	3 57	8 3	1	22	5	47
25	v.	Tr. de s. Eloi.	3 57	8 3	2	7	6	54
26	s.	ss. Jean et Paul	3 57	8 3	3	6	7	50
27	D.	s. Ladislas , R.	3 58	8 3	4	15	8	34
28	l.	s. Irénée, V. J.	3 58	8 2	5	36	9	10
29	m.	*ss. Pierre et P.*	3 58	8 2	7	0	9	38
30	m.	Comm. des. P.	3 59	8 2	8	24	10	2

JUILLET. *Signe*, le Lion. ♌

P. Q. le 3, à 2 h. 41' du soir.
P. L. le 11, à 4 h. 30' du matin. *Apogée le 14.*
D. Q. le 19, à 8 h. 6' du matin.
N. L. le 26, à 7 h. 18' du matin. *Périgée le 27*

JOURS, DATES et Noms des Saints.		Lev. du ☉	Cou. du ☉	Lever de la ☽	Couch de la ☽
		H. M.	H. M.	H. M.	H. M.
1	j.	s. Rombaut.	3 58	8 1	9 46 Matin Soir	10 24 Soir
2	v.	Visitat. de la V.	3 59	8 1	11 5	10 45
3	s.	s. Hyacinthe.	3 59	8 0	0 23	11 6
4	D.	Tr. des. Martin	4 0	8 0	1 41	11 30
5	l.	ste. Zoé, mart.	4 0	8 0	2 57	11 58
6	m.	ste. Godelive.	4 1	7 59	4 9	Matin.
7	m.	s. Willebaud.	4 2	7 58	5 15	0 33
8	j.	ste. Elisabeth.	4 2	7 58	6 11	1 15
9	v.	Les Mart. de G.	4 3	7 57	6 59	2 6
10	s.	ste. Félicité, m.	4 4	7 56	7 36	3 6
11	D.	Tr. de s. Benoît	4 5	7 55	8 6	4 10
12	l.	s. Gualbert, ab	4 5	7 54	8 30	5 15
13	m.	s. Anaclet, p.	4 6	7 53	8 51	6 20
14	m.	s. Bonaventure	4 7	7 52	9 9	7 27
15	j.	s. Henri, Emp.	4 8	7 51	9 26	8 32
16	v.	N.-D. du M. C.	4 9	7 50	9 43	9 38
17	s.	s. Alexis, conf.	4 10	7 49	9 59	10 43
18	D.	s. Arnould, év.	4 11	7 48	10 19	11 49
19	l.	s. Vincent de P.	4 12	7 47	10 43	0 57 Soir
20	m.	ste. Marguerit.	4 13	7 46	11 13	2 9
21	m.	s. Victor, m.	4 14	7 45	11 53	3 21
22	j.	ste Marie-Mag.	4 15	7 44	Matin.	4 31
23	v.	s. Apollinaire.	4 16	7 43	0 44	5 32
24	s.	ste. Christine.	4 18	7 42	1 48	6 21
25	D.	s. Jacques, ap.	4 19	7 40	3 4	7 1
26	l.	ste. Anne.	4 20	7 39	4 28	7 33
27	m.	s. Désiré, év.	4 21	7 38	5 54	8 0
28	m.	s. Nazaire.	4 23	7 37	7 19	8 24
29	j.	ste. Marthe, v.	4 24	7 35	8 44	8 46
30	v.	s. Abdon, m.	4 25	7 34	10 5	9 8
31	s.	s. Ignace de L.	4 27	7 33	11 23	9 31

AOUT. *Signe*, la Vierge. ♍

P. Q. le 1, à 10 h. 5' du soir.
P. L. le 9, à 7 h. 42' du soir.   *Apogée le 10.*
D. Q. le 17, à 8 h. 41' du soir.   *Périgée le 24.*
N.L. le 24, à 2 h. 36's. -- P.O. le 31, à 8h 52'm.

JOURS, DATES et Noms des Saints.			Lev. du ☉		Cou du ☉		Lever de la ☽		Couch. de la ☽	
			H.	M.	H.	M.	H.	M.	H.	M.
1	D.	s. Pierre ès–L.	4	28	7	31	0	41	9	59
2	l.	N.D.des Anges	4	29	7	30	1	56	10	33
3	m.	Inv. s. Etienne	4	31	7	28	3	5	11	13
4	m.	s. Dominique.	4	32	7	27	4	4	Matin.	
5	j.	N.D. aux Neig.	4	34	7	25	4	55	0	2
6	v.	Tr. de N. Seig.	4	35	7	24	5	37	0	58
7	s.	s. Gaètan de T.	4	37	7	23	6	10	2	0
8	D.	s. Cyriaque.	4	38	7	21	6	36	3	6
9	l.	s. Romain, m.	4	40	7	19	6	58	4	13
10	m.	s. Laurent, ar.	4	41	7	18	7	16	5	19
11	m.	ste. Susanne,v.	4	43	7	17	7	33	6	24
12	j.	ste. Claire, v.	4	44	7	15	7	50	7	29
13	v.	s. Hypolite.	4	46	7	13	8	7	8	33
14	s.	s. Eusèbe. V.J.	4	47	7	12	8	27	9	39
15	D.	ASSOMPT.	4	49	7	10	8	49	10	47
16	l.	s. Roch, conf.	4	50	7	9	9	16	11	55
17	m.	s. Mammez,m.	4	52	7	7	9	50	1	5
18	m	ste. Hélène.	4	54	7	5	10	35	2	14
19	j.	ste. Thècle.	4	55	7	4	11	31	3	17
20	v.	s. Bernard, ab.	4	57	7	2	Matin.		4	10
21	s.	ste. Jeanne.	4	59	7	0	0	39	4	55
22	D.	s. Simphorien.	5	0	6	59	1	58	5	32
23	l.	s. Philippe B.	5	2	6	57	3	23	6	2
24	m.	s. Barthélémi.	5	4	6	55	4	50	6	28
25	m.	s. Louis, Roi.	5	5	6	54	6	17	6	52
26	j.	s. Zéphirin, pr.	5	7	6	52	7	41	7	15
27	v.	s. Césaire d'Arl.	5	9	6	50	9	4	7	39
28	s.	s. Augustin, év.	5	11	6	49	10	26	8	6
29	D.	Déc. de s. J.-B.	5	12	6	47	11	44	8	38
30	l.	ste. Rose de L.	5	14	6	45	0	56	9	18
31	m.	s. Raymond N.	5	16	6	43	2	2	10	4

SEPTEMBRE. *Signe*, la Balance. ♎

☽ P. L. le 8, à 11 h. 48′ du matin.	*Apogée le 6.*
☾ D. Q. le 16, à 7 h. 25′ du matin.	*Périgée le 21.*
☾ N. L. le 22, à 10 h. 36′ du soir.	
☽ P. Q. le 29, à 11 h. 41′ du soir.	

JOURS, DATES et Noms des Saints.			Lev. du ☉	Cou. du ☉	Lever de la ☾	Couch. de la ☾
			H. M.	H. M.	H. M.	H. M.
1	m.	s. Gilles, abbé.	5 17	6 42	2 58 Soir.	10 58 Soir.
2	j.	s. Etienne, Roi.	5 19	6 40	3 43	
3	v.	ste. Séraphie.	5 21	6 38	4 17	0 0 Matin.
4	s.	ste. Rosalie.	5 23	6 36	4 45	1 5
5	D.	s. Bertin, abb.	5 24	6 35	5 9	2 11
6	l.	s. Zacharie, pr.	5 26	6 33	5 30	3 16
7	m.	ste. Reine, v.	5 28	6 31	5 48	4 22
8	m.	*Nat. de N. D.*	5 30	6 29	6 6	5 27
9	j.	s. Omer, év.	5 31	6 28	6 24	6 33
10	v.	s. Nicol. de T.	5 33	6 26	6 43	7 40
11	s.	ss. Prote et H.	5 35	6 24	7 3	8 47
12	D.	s. Guidon, c.	5 37	6 22	7 28	9 54
13	l.	s. Aimé, arch.	5 38	6 21	8 0	11 2
14	m.	Exalt. de ste. C.	5 40	6 19	8 41	0 10 Soir.
15	m.	s. Nicomède 4 T	5 42	6 17	9 32	1 15
16	j.	ste. Euphémie.	5 44	6 15	10 34	2 12
17	v.	s. Lambert. 4 T	5 46	6 14	11 46	3 0
18	s.	ste. Sophie. 4 T	5 47	6 12	Matin.	3 40
19	D.	s. Janvier, év.	5 49	6 10	1 5	4 11
20	l.	s. Eustache, m.	5 51	6 8	2 27	4 37
21	m.	s. Matthieu, a.	5 53	6 6	3 52	5 2
22	m.	s. Maurice.	5 54	6 5	5 18	5 26
23	j.	s. Lin, pape m.	5 56	6 3	6 42	5 48
24	v.	N.–D. de la M.	5 58	6 1	8 6	6 13
25	s.	s. Firmin, év.	6 0	5 59	9 28	6 44
26	D.	ste. Justine, v.	6 2	5 57	10 46	7 22
27	l.	ss. Côme et D.	6 3	5 56	11 57	8 7
28	m.	s. Wenceslas.	6 5	5 54	0 58 Soir.	9 0
29	m.	Déd. de s. Mic.	6 7	5 52	1 47	10 0
30	j.	s. Jérôme, pr.	6 9	5 50	2 27	11 5

OCTOBRE. *Signe*, le Scorpion. ♏

P. L. le 8 , à 4 h. 5ʹ du matin.　　*Apogée le* 3.
D. Q. le 15 , à 4 h. 34ʹ du soir.　　*Périgée le* 20.
N. L. le 22 , à 8 h. 13ʹ du matin.
P. Q. le 29 , à 6 h. 12ʹ du soir.　　*Apogée le* 31.

JOURS, DATES et Noms des Saints.			Lev. du ☉	Cou. du ☉	Lever de la ☽	Couch de la ☽
			H. M.	H. M.	H. M.	H. M.
1	v.	ss. Remi et Piat	6 11	5 48	2 58	Matin.
2	s.	ss. Anges gard.	6 13	5 46	3 23	0 11
3	D.	s. Denis, mart.	6 15	5 45	3 43	1 16
4	l.	s. François d'A.	6 16	5 43	4 3	2 23
5	m.	s. Placide, conf	6 18	5 41	4 22	3 28
6	m.	s. Bruno, conf.	6 20	5 39	4 40	4 32
7	j.	s. Marc, pape.	6 22	5 37	4 57	5 37
8	v.	ste. Brigitte, v.	6 23	5 36	5 17	6 43
9	s.	s. Ghislain, év.	6 25	5 34	5 42	7 54
10	D.	s. Françoise de B.	6 27	5 32	6 13	9 4
11	l.	s. Gomer, conf.	6 29	5 30	6 51	10 11
12	m.	s. Maximilien.	6 31	5 28	7 38	11 15
13	m.	s. Edouard, R.	6 32	5 26	8 36	0 13 Soir
14	j.	s. Calixte, p. m.	6 34	5 25	9 43	1 2
15	v.	ste. Thérèse.	6 36	5 23	10 57	1 43
16	s.	s. Martinien.	6 38	5 21	Matin.	2 16
17	D.	s. Florentin, év.	6 39	5 20	0 16	2 43
18	l.	s. Luc, évang.	6 41	5 18	1 37	3 7
19	m.	s. Pierre d'Al.	6 43	5 16	2 59	3 31
20	m.	s. Caprais, m.	6 45	5 15	4 20	3 54
21	j.	ste. Ursule.	6 46	5 13	5 43	4 20
22	v.	s. Mellon, év.	6 48	5 11	7 5	4 49
23	s.	s. Séverin, év.	6 50	5 9	8 28	5 23
24	D.	s. Magloire, év.	6 51	5 8	9 44	6 4
25	l.	ss. Crépin et C.	6 53	5 6	10 48	6 53
26	m.	s. Evariste, pr.	6 55	5 4	11 43	7 52
27	m.	s. Frumence,	6 56	5 3	0 27 Soir	8 57
28	j.	ss. Simon et J.	6 58	5 1	1 3	10 4
29	v.	s. Narcisse, p.	7 0	4 59	1 30	11 9
30	s.	s. Lucain, m.	7 1	4 58	1 53	Matin.
31	D.	s. Quentin, m.	7 3	4 56	2 12	0 14

NOVEMBRE. *Signe*, le Sagittaire.

☽ P. L. le 6, à 7 h. 52′ du soir.
☾ D. Q. le 14, à 0 h. 28′ du matin. *Périgée le 16.*
☉ N, L. le 20, à 8 h. 10′ du soir. *Apogée le 28.*
☽ P. Q. le 28, à 3 h. 5′ m. du soir.

JOURS, DATES et Noms des Saints.			Lev. du ☉	Cou. du	Lever de la ☽	Couch. de la ☽
			H. M.	H. M.	H. M.	H. M.
1	l.	TOUSSAINT.	7 5	4 54	2 30 Soir.	1 20 Matin.
2	m.	*C. des Morts.*	7 6	4 53	2 49	2 25
3	m.	s. Hubert, év.	7 8	4 51	3 7	3 29
4	j.	s. Charles Bor.	7 10	4 50	3 26	4 35
5	v.	s. Zacharie, p.	7 11	4 48	3 49	5 43
6	s.	s. Léonard, c.	7 13	4 46	4 18	6 54
7	D.	s. Ernest, évêq.	7 14	4 45	4 52	8 4
8	l.	Les 4 SS. cour.	7 16	4 43	5 36	9 10
9	m.	s. Mathurin, c.	7 17	4 42	6 32	10 10
10	m.	s. Juste, évêq.	7 19	4 40	7 37	11 2
11	j.	s. Martin, arc.	7 20	4 39	8 50	11 45
12	v.	s. René, évêq.	7 22	4 37	10 7	0 18 Soir.
13	s.	s. Homobon, c.	7 23	4 36	11 26	0 47
14	D.	s. Albéric, év.	7 25	4 35	Matin.	1 12
15	l.	s. Eugène, év.	7 26	4 33	0 44	1 35
16	m.	s. Edmond, ar.	7 28	4 32	2 1	1 56
17	m.	s. Grégoire, év.	7 29	4 30	3 20	2 19
18	j.	s. Odon, abbé.	7 30	4 29	4 40	2 45
19	v.	ste. Elisabeth.	7 32	4 28	5 59	3 16
20	s.	s. Félix de Val.	7 33	4 26	7 16	3 53
21	D.	Prés. de N.-D.	7 34	4 25	8 27	4 40
22	l.	ste. Cécile, v.	7 35	4 24	9 28	5 35
23	m.	s. Clément, p.	7 37	4 22	10 17	6 37
24	m.	ste. Flore, v.	7 38	4 21	10 56	7 44
25	j.	ste. Catherine.	7 39	4 20	11 26	8 51
26	v.	s. Pierre, év.	7 40	4 19	11 50	9 57
27	s.	s. Maxime, év.	7 41	4 18	0 12 Soir.	11 2
28	D.	*Avent.*	7 42	4 17	0 30	Matin.
29	l.	s. Saturnin, m.	7 43	4 16	0 47	0 6
30	m.	s. André, apôt.	7 44	4 15	1 4	1 11

DÉCEMBRE. *Signe , le Capricorne.* ♑

☽ P. L. le 6, à 10 h. 35′ du matin.　*Périgée le 10.*
☽ D. Q. le 13, à 7 h. 53′ du matin.
☽ N. L. le 20, à 10 h. 50′ du matin. *Apogée le 26.*
☽ P. Q. le 28, à 0 h. 27′ du soir.

JOURS, DATES et Noms des Saints.		Lev. du ☉	Cou. du ☉	Lever de la ☽		Couc. de la ☽	
		H. M.	H. M.	H.	M.	H.	M.
1	m.	s. Eloi , évêq.	7 45	4 15	1	Soir. 22	2	Matin. 14
2	j.	ste. Bibiane, v.	7 46	4 14	1	44	3	21
3	v.	s. François X.	7 47	4 13	2	9	4	28
4	s.	ste. Barbe , v.	7 48	4 12	2	41	5	37
5	D.	s. Sabbas , ab.	7 48	4 11	3	22	6	46
6	l.	s. Nicolas, év.	7 49	4 11	4	15	7	51
7	m.	s. Ambroise.	7 50	4 10	5	18	8	48
8	m.	*Conc. de N. D.*	7 50	4 9	6	29	9	35
9	j.	ste. Léocadie.	7 51	4 9	7	46	10	13
10	v.	ste. Valère, v.	7 52	4 8	9	5	10	43
11	s.	s. Damase , p.	7 52	4 8	10	23	11	8
12	D.	ste. Coustance.	7 53	4 7	11	41	11	31
13	l.	ste. Luce, v.	7 53	4 7	Matin.		11	52
14	m.	s. Nicaise, arc.	7 54	4 6	0	58	0	Soir. 13
15	m.	s. Mesmin, 4 T.	7 54	4 6	2	16	0	37
16	j.	ste. Adelaïde.	7 54	4 6	3	34	1	5
17	v.	ste Olymp. 4 T.	7 54	4 5	4	49	1	39
18	s.	s. Gatien. 4 T.	7 55	4 5	6	0	2	21
19	D.	s. Timothée, d.	7 55	4 5	7	5	3	11
20	l.	s. Philogone.	7 55	4 5	7	59	4	10
21	m.	s. Thomas.	7 55	4 5	8	41	5	15
22	m.	s. Flavien, c.	7 55	4 5	9	13	6	21
23	j.	ste. Victoire, v.	7 55	4 5	9	40	7	28
24	v.	s. Delphin V. J.	7 55	4 5	10	3	8	33
25	s.	NOEL.	7 54	4 5	10	22	9	38
26	D.	*s. Etienne.*	7 54	4 6	10	39	10	42
27	l.	s. Jean, évang.	7 54	4 6	10	56	11	46
28	m.	ss. Innocens.	7 53	4 6	11	14	Matin.	
29	m.	s. Thomas de C.	7 53	4 7	11	34	0	51
30	j.	s. Sabin, év.	7 53	4 7	11	57	1	57
31	v.	ste. Mélanie.	7 53	4 7	0	Soir. 25	3	4

TEMPS MOYEN AU MIDI VRAI,

OU ÉQUATION DE L'HORLOGE.

ANNÉE 1824. Mois.	Le 5.			Le 15.			Le 25.		
	h.	m.	s.	h.	m.	s.	h.	m.	s.
Janvier	0	5	27	0	9	33	0	12	32
Février	0	14	20	0	14	31	0	13	29
Mars	0	11	44	0	9	5	0	6	4
Avril	0	2	43	11	59	59	11	57	49
Mai	11	56	29	11	56	3	11	56	34
Juin	11	58	5	0	0	2	0	2	11
Juillet	0	4	9	0	5	32	0	6	7
Août	0	5	39	0	4	10	0	1	50
Septembre	11	58	30	11	55	3	11	51	35
Octobre	11	48	24	11	45	48	11	44	11
Novemb e	11	43	46	11	44	49	11	47	17
Décembre	11	50	58	11	55	32	0	0	31

ÉCLIPSES.

Il y aura cette année deux Eclipses de Lune et deux Eclipses de Soleil.

La première Eclipse partielle de Lune, en partie visible à Paris, aura lieu le 16 Janvier. Commencement à 7 h. 27 m. du matin.— Coucher de la Lune à 7 heures 33 m. — Milieu à 8 h. 53 m. — Fin à 10 heures 19 m. — Grandeur 9 doigts.

La première Eclipse de Soleil, invisible à Paris, aura lieu le 26 Juin.

La seconde Eclipse de Lune, en partie visible à Paris, aura lieu le 11 Juillet. Commencement à 3 h. 34 m. 1/2 du matin.—Milieu après le coucher de la Lune, à 4 h. 18 m. 1/2.— Fin à 5 h. 2 m. 1/3.— Grandeur 1 3,5 de doigt.

La seconde Eclipse de Soleil, invisible à Paris, aura lieu le 20 Décembre.

TABLE DES MARÉES DE 1824.

Mois.	Jours et heures de la Syzygie.	Hauteur.
Janv.	N. L. le 1, à 8 h. 16' du m.	0,74
	P. L. le 16, à 8 h. 58' du m.	1,03
	N. L. le 31, à 3 h. 57' du m.	0,80
Fév.	P. L. le 14, à 7 h. 34' du s.	1,12
	N. L. le 29, à 10 h. 48' du s.	0,88
Mars.	P. L. le 15, à 5 h. 47' du m.	1,12
	N. L. le 30, à 3 h. 11' du s.	0,91
Avril	P. L. le 13, à 3 h. 56' du s.	1,00
	N. L. le 29, à 4 h. 34' du m.	0,89
Mai.	P. L. le 13, à 2 h. 24' du m.	0,85
	N. L. le 28, à 3 h. 12' du s.	0,88
Juin.	P. L. le 11, à 2 h. 47' du s.	0,73
	N. L. le 26, à 11 h. 48' du s.	0,91
Juill.	P. L. le 11, à 4 h. 30' du m.	0,76
	N. L. le 26, à 7 h. 18' du m.	1,03
Août.	P. L. le 9, à 7 h. 42' du s.	0,81
	N. L. le 24, à 2 h. 36' du s.	1,13
Sept.	P. L. le 8, à 11 h. 48' du m.	0,86
	N. L. le 22, à 10 h. 36' du s.	1,02
Octob.	P. L. le 8, à 4 h. 5' du m.	0,87
	N. L. le 22, a 8 h. 13' du m.	1,03
Nov.	P. L. le 6, à 7 h. 52' du s.	0,86
	N. L. le 20, à 8 h. 10' du s.	0,89
Déc.	P. L. le 6, à 10 h. 35' du m.	0,87
	N. L. le 20, à 10 h. 50' du m.	0,80

On voit par ce tableau que pendant l'année 1824, les positions de la Lune et du Soleil, par rapport à la Terre et au plan de l'équateur, sont telles, vers les Syzygies, que les Marées seront assez fortes. Celles des 16 Février, 16 Mars et 26 Août matin, seront assez considérables, si elles sont favorisées par les vents.

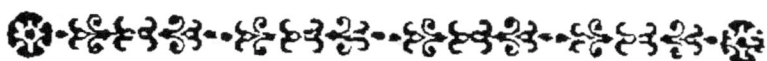

LA PETITE VILLE.

CHANSON.

Allegretto.

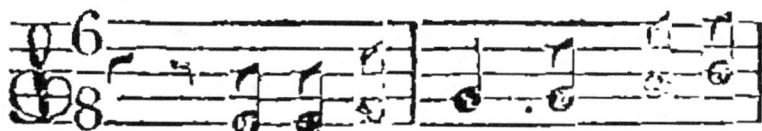

Fuyez, fuy-ez de cette

vil-le, si vous a-vez peur des ca-

quets; des sots pro-pos et des pam-

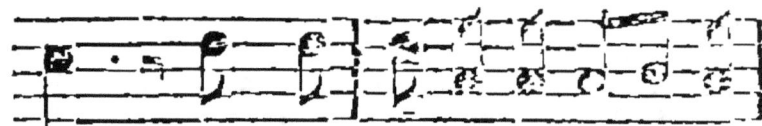

phlets, c'est i — ci le fu-neste a-

si — — le; vous y trouvez à chaque

pas, les plus doux charmes de la

vi — — e; mais à cô —

té de ces ap — pas, vous ren-con-

trez la ca-lom-ni — e; mais à cô—

té de ces ap-pas, vous ren — con—

trez la ca — lom-ni — e.

Vivez à l'ombre du mystère,
Dérobez-vous à tous les yeux ;
En échappant aux curieux
Croyez-vous qu'ils puissent se taire?
La critique, au regard perçant,
Pénétrera votre retraite :
Ici la langue du méchant
Est un torrent que rien n'arrête.

Qu'on voie un sourire agréable
Sur les lèvres de la beauté,
Aussitôt la malignité
D'un perfide soupçon l'accable :
On nomme une aimable gaîté
Manège de coquetterie.
Qu'on ait de la sévérité,
On est taxé de pruderie.

Votre danseur est-il le même
On vous le donne pour amant,
Qu'un homme vous parle un mo-
        ment,
Vous l'aimez, ou bien il vous aime,
Allez respirer l'air du soir,
C'est un rendez-vous qu'on vous
        donne ;
Cachez-vous, ou faites-vous voir,
Il faut toujours qu'on vous soup-
        çonner

C'EST UN ENFANT.

CHANSONNETTE.

Air : *Mon galoubet.*

C'est un enfant !
Dix-sept printems forment son âge ;
C'est un joli bouton naissant ;
Traits enchanteurs, charmant cor-
sage ,
Dont elle ignore l'avantage ;
C'est un enfant.

C'est un enfant !
Et déjà partout on admire
Sa grâce et son ton séduisant ;
Le trouble que sa vue inspire ,
Loin de la toucher, la fait rire.
C'est un enfant !

C'est un enfant !
Mais on la trouve si jolie ,
Que chacun l'aime en la voyant ;
Lui parle-t-on galanterie ,
Elle répond mythologie.
C'est un enfant !

C'est un enfant !
Qui sans y prétendre sait plaire
Au cœur le plus indifférent ;
Elle rit du dieu de Cythère,
Qui dit sans montrer de colère :
C'est un enfant !

❖✧❖✧❖✧❖✧❖✧❖✧❖✧❖✧❖✧❖✧

RAOUL ET AZÉLIE.

ROMANCE.

Air à faire.

« Avec orgueil, ô ma patrie !
» J'affronte les hasards pour toi.
» Un français sait perdre la vie
» Pour son Dieu, sa Dame et son
  Roi. »

Couvert d'une noble poussière,
C'est ainsi qu'un jeune guerrier,
Raoul, levant sa tête altière,
Au combat marchait le premier.
L'approche du danger l'enflamme,
L'amour anime le héros,
Et sur sa brillante oriflamme
Son amante a tracé ces mots :
« Avec orgueil, ô ma patrie, etc. »

Tout s'ébranle, la charge sonne,
Et soudain la terre a tremblé;
Le ciel s'obscurcit, l'airain tonne;
Le plus courageux s'est troublé :
Raoul s'élance; il est terrible;
La mort partout s'offre à ses yeux;
Mais partout Raoul invincible,
Redit ces mots victorieux :
« Avec orgueil, ô ma patrie, etc. »

Les vaincus ont posé les armes ;
Ivre de gloire et de bonheur,
Raoul revient sécher les larmes
De la maîtresse de son cœur;
Un baiser de son Azélie
Est le doux prix de sa valeur,
Et sans effroi, sa tendre amie
Lit sur le drapeau du vainqueur :
« Avec orgueil, ô ma patrie !
» J'affronte les hasards pour toi.
» Un français sait perdre la vie
» Pour son Dieu, sa Dame et son
  Roi. »

AUTANT EN EMPORTE LE VENT.

Air : *Mes amis, c'est dans sa patrie.*

« En vain un berger du village
» Viendrait avec son doux langage,
» M'offrant son cœur et son hom-
    mage,
» Jurer de m'aimer constamment ;
    » Je veux, amours,
    » Vous fuir toujours ;
» Car, hélas, nous voyons tous
    les jours :
    » Quand un amant
    » Fait un serment,
» Autant en emporte le vent ! »

Assise au sein de la prairie,
Auprès de sa brebis chérie,
C'est ainsi que chantait Sylvie,
En répétant à chaque instant :
    « Je veux, amours,
    » Vous fuir toujours ;
» Car, hélas, nous voyons tous
    les jours :
    » Quand un amant, etc. »

Un vieux berger du voisinage,
Caché dans le prochain bocage,
Entend ce sévère langage,
Et dit en lui-même à l'instant :
    « Vouloir toujours
    » Fuir les amours,
» Hélas ! fillette, au printems de
    ses jours,
    » Fait vainement
    » Pareil serment ;
» Autant en emporte le vent ! »

Il dit bien, car dans la prairie,
Le soir même, il revit Sylvie,
Qui d'une voix toute attendrie,
Chantait avec son jeune amant :
    « Vouloir toujours
    » Fuir les amours,
» Hélas ! fillette, au printems de
    ses jours,
    » Fait vainement
    » Pareil serment ;
» Autant en emporte le vent ! »

LE DÉPART.

Romance dédiée à Mme Caroline de F.***

Air : *Muse des jeux et des accords champêtres.*

De mon vaisseau prêt à quitter
  la France
N'entends-tu pas retentir les ca-
  nons ?
Ils ont donné le signal de *partance.*
Vois sur nos mâts flotter ces pavil-
  lons.
Il faut partir !... Aimable Carolie,
Au nom du Ciel, apaise ta douleur !
Ah ! souviens-toi, souviens-toi,
  mon amie,
Que l'amour doit obéir à l'honneur.

Console-toi, ne verse plus de
  larmes,
Je reviendrai fidèle à mes sermens ;
Mais que tes vœux pour le sort de
  nos armes,
Soient aussi vifs que nos cœurs sont
  brûlans !

Quand, éloigné de ma chère patrie,
Tu sentiras renaître ta douleur,
Ah ! souviens toi, souviens-toi,
 Carolie,
Que l'amour doit obéir a l'honneur.

Mais j'aperçois le vaisseau qui
 s'agite ;
J'entends aussi les cris des mate-
 lots :
Amis, patrie, à regret je vous
 quitte...
Je vais braver et la foudre et les
 flots.
Si, loin de toi, j'allais perdre la
 vie,
Que la raison succède à ta douleur !
Et souviens-toi, souviens-toi,
 Carolie,
Que l'amour dut obéir à l'honneur.

LES DETTES.

VAUDEVILLE.

Air : *La comédie est un miroir.*

Puisque chacun en ce moment
Doit fredonner sa chansonnette,
Prêtez-moi l'oreille un instant,
Messieurs, je vais payer ma dette.
Payer ses dettes en chansons!!!
Oh! Grand Dieu, la bonne mé-
    thode!
Bien des gens, que nous connois-
    sons,
Voudraient qu'elle vint à la mode.

   Nos bons et simples devanciers
Auraient (quel excès de sottise)!
Pour mieux payer leurs créanciers,
Vendus jusques à leur chemise;
Mais chez nous un homme de bien
De ducats remplit ses cassettes,
Et s'esquive en laissant du bien
Pour payer..... le quart de ses
   dettes.

Justine est belle, elle a quinze ans ;
Et pourtant son humeur sauvage
Repousse tous les soupirans
Qui viennent offrir leur hommage ;
Attendez encor quelques jours,
Et Justine par sa défaite
Prouvera qu'il faut aux Amours
Ou tôt ou tard payer sa dette.

O vous, intrépides guerriers,
Enfans gâtés de la Victoire,
Qui, le front couvert de lauriers,
Volez au temple de mémoire ;
L'Anglais, les belles tour à tour
Attesteront par leur défaite
Qu'à la Gloire ainsi qu'à l'Amour
Un Français sait payer sa dette.

Il est une autre dette encor,
Rien que d'y penser je soupire,
Et c'est la dette qu'à la Mort
Doit payer tout ce qui respire ;
Il faudra bien la lui payer,
Malgré nous et quoi qu'il en coûte ;
Car jamais à ce créancier
On n'a pu faire banqueroute.

UN SEUL MOT SUFFIRAIT.

ROMANCE.

Air : *Que ta porte, ó ma tendre amie*.

Souvent je cherche dans tes yeux
Le prix heureux de ma tendresse ;
Souvent j'y crois, avec ivresse,
Lire le plus doux des aveux.
S'il était vrai qu'à ma constance
Ton cœur répondît en secret,
Pour embellir mon existence,
Elise, un seul mot suffirait.

Lorsqu'après un jour de bonheur
Survient un jour mêlé d'orage,
Quand parfois un sombre nuage
Vient attrister mon faible cœur,
Tremblant, si j'attends en silence
Ou mon pardon, ou mon arrêt,
Ah ! pour me rendre à l'espérance,
Elise, un seul mot suffirait.

Trop souvent d'un dépit jaloux
Mon cœur éprouve le délire ;
S'il n'est pour moi, ton doux sourire
Redouble encore mon courroux.
Lorsqu'un rival, par sa présence,
Ajoute à mon trouble secret,
Uu mot calmerait ma souffrance,
Elise, un seul mot suffirait.

LE NOUVEAU BÉLISAIRE.

ROMANCE HISTORIQUE.

Air à faire.

Vois-tu ce vieillard vénérable,
Du sort victime déplorable ?
Quelle âme assez impitoyable
Peut refuser à ses malheurs
      Des pleurs ?

A l'heure où règne le silence,
Vois comme dans l'ombre il
    s'avance...
C'est le berceau de son enfance
Que chaque jour il revient voir
      Le soir.

Pour le trône et pour la patrie
Il risqua mille fois sa vie ;
Pour son Dieu, pour son roi, sa
   mie,
Il signala, dans les combats,
       Son bras.

Soixante ans sa valeur guerrière
Des lis défendit la bannière ;
Et, durant sa longue carrière,
Il n'eut que l'honneur et la foi
       Pour loi.

Cruel destin ! douleur amère !
Seul et délaissé sur la terre,
Dans l'infortune et la misère,
Hélas il traîne, sans secours,
       Ses jours.

Sous les portiques solitaires
Du manoir qu'habitaient ses pères,
Il dit : « Dieu ! recois mes prières;
« Entends, pour la dernière fois,
       Ma voix.

« J'ai revu le modeste asile
« Où, loin du faste de la ville,
« Je vivais heureux et tranquille...
« La Mort va fermer en ces lieux
       Mes yeux ! »

A MA BIEN-AIMÉE.
ROMANCE.

Air : *Que ne suis-je la fougère !*

Déjà l'aube blanchissante
Paraît au milieu des airs,
Et de sa clarté naissante
Rend le charme à l'univers.
Cachés sous l'épais feuillage,
Les doux chantres d'alentour
Font retentir le bocage
Des chants qu'inspire l'amour.

Des trésors de sa corbeille
Enrichissant nos bosquets,
Flore à la rose vermeille
Prête de nouveaux attraits ;
Zéphir, d'une aile légère,
Voltige de fleur en fleur ;
Et moi, loin de ma bergère,
Je languis dans la douleur.

Que fais-tu, ma bien-aimée,
Quand tout me parle de toi ?
Sur ta couche parfumée
Daignes-tu penser à moi ?

L'amour d'un riant mensonge
T'offrant le prestige heureux,
Dans la douce erreur d'un songe
Te retrace-t-il mes feux ?

Ecoute ma voix plaintive,
Rappelle-toi tes sermens,
Bergère aimable et naïve,
Prends pitié de mes tourmens.
Oui, le ciel te fit plus belle
Que la mère des amours ;
Mais Vénus n'est point cruelle,
Voudrais-tu l'être toujours ?....

━━━━━━━━━━━━━━━━━━━━━━━━

ROSE D'AMOUR.

Air : *O Fontenai, qu'embellissent*
les roses !

Rose d'Amour, aux bosquets de
  de Cythère,
Charme les yeux par ses divins
  appas ;
Le doux baiser et le tendre Mystère
Veillent près d'elle et soupirent
  tout bas.

Rose d'Amour, qui te voit te dé-
sire ;
De tes attraits tous les cœurs sont
épris ;
Peine et tourment sont un léger
martyre
Lorsque ta fleur doit en être le
prix.

Rose d'Amour, au matin de ma
vie,
Fut accordée à mon brûlant désir,
Avec transport ma main l'avait
cueillie ;
L'épine, hélas ! trop tôt s'est fait
sentir.

Rose d'Amour, ô rose aimable et
belle !
Toi seule encor peux m'offrir le
bonheur ;
Reviens..... malgré ton épine
cruelle,
Rien n'est si doux que de cueillir
ta fleur.

L'AMOUR EN SENTINELLE.

CHANSON.

Air : *Je loge au quatrième étage.*

DÉSERTANT la cour immortelle,
L'Amour est venu parmi nous ;
En ces lieux il fait sentinelle :
Garde à vous, humains, garde à
   vous ?
Il a des traits pour tous les âges,
Pour les sages et pour les fous ;
Il en a pour les cœurs volages :
Garde à vous, belles, garde à vous !

Ceux-ci font blessures bien douce,
Les plaisirs naissent de leurs coups ;
Mais bientôt le temps les émousse :
Garde à vous, amans, garde à
   vous !
Ceux-là causent un mal extrême,
Il les garde pour les jaloux :
On s'y blesse souvent soi-même :
Garde à vous maris, garde à vous !

Lancés d'une main assurée,
D'autres font sauter les verroux ;
De ces traits la pointe est dorée :
Garde à vous, tuteurs, garde à vous
Mais ceux que long-temps il agite
Sont les plus a craindre de tous ;
Plus on fuit, moins on les évite :
Garde à vous, cœurs froids, garde
    à vous !

LES QUINZE ANS.

CHANSONNETTE.

Air à faire.

MA mère me dit toujours :
« Crois à mon expérience,
» Oppose l'indifférence
» Aux faux attraits des amours.
» Fille sage et bien apprise
» Devrait, sans qu'on le lui dise,
» Fuir l'amour et les amans. »
— « Ma mère, ne vous déplaise,
» Vous en parlez bien à l'aise ;
» Mais vous n'avez pas quinze ans. »

— « Les amans sont des trompeurs,
» Je l'éprouvai bien moi-même.
» Quand leurs bouches disent :
    j'aime,
» Ce mot est loin de leurs cœurs ;
» N'écoute pas, ma Jeannette,
» Les doux propos d'amourette
» Que tiennent tous les amans. »
— « Ma mère, etc. »

— « Lorsqu'un amant te dira
» Qu'il brûle au fond de son âme,
» Et que l'ardeur qui l'enflamme
» Jusqu'au tombeau durera,
» Ris de sa vaine promesse,
» Ris de sa feinte tendresse
» Et de tous ses beaux sermens. »
— « Ma mère, etc. »

— « S'il te vante ta beauté
» Et le pouvoir de tes charmes,
» S'il dit que tout rend les armes
» A ton amabilité,
» Méprise une vaine gloire,
» Ma fille, et ne va pas croire
» A de pareils complimens. »
— « Ma mère, ne vous déplaise,
» Vous en parlez bien à l'aise ;
» Mais vous n'avez plus quinze ans. »

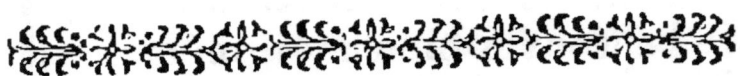

POUR LA NAISSANCE.

DE M.ᴳᴿ LE DUC DE BORDEAUX.

Air : *Du Vaudeville de la robe et les bottes.*

Le Ciel protége notre France,
N'en doutons plus, mes chers amis,
Caroline et la Providence
Veillent sur l'empire des lis ;
Un Dieu, par elle, a daigné rendre
A nos vœux un prince chéri :
Le phénix renaît de sa cendre ;
Tel on voit renaître Berri.

Des lis quand s'inclinait la tige,
La France était sans avenir ;
Mais, par un merveilleux prodige,
Nous voyons nos lis refleurir.
Salut, Ange de ma patrie !
Les sujets, ivres de bonheur,
T'invoqueront comme Marie,
Puisque ton fils est leur sauveur.

Quand Dieu vouait à la misère
Ce peuple qu'il bénit jadis,
Berri fléchissait sa colère,
Berri priait pour son pays.
Ainsi de Charles la naissance,
Pour nous le plus grand des bien-
    faits,
Sera le pacte d'alliance
De l'Eternel et des Français.

De l'honneur, ainsi qu'Henri-
    Quatre,
Il sera le plus ferme appui ;
En attendant, s'il faut combattre,
Morbleu, nous nous battrons pour
    lui ;
Vaillamment il fera la guerre ;
Tout nous présage ses succès ;
Ce prince a reçu la lumière
Au milieu de soldats Français.

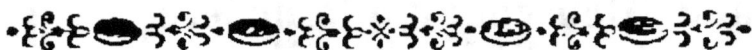

VOLAGE ALFRED.

ROMANCE.

Air à faire.

IL est parti, séduit par la victoire,
Il est parti celui que j'adorais ;
A mon amour il préfère la gloire,
Au myrte heureux les funestes
    cyprès.....
Volage Alfred...., ingrat que j'aime
    encore,
Rappelle-toi nos soupirs, nos
    tourmens ;
Rappelle-toi la triste Éléonore,
Et nos plaisirs et tes sermens.

Toi que l'amour avait formé pour
    plaire,
Pourquoi cours-tu braver mille
    hasards ?
Quitte ce fer, cette arme meur-
    trière.....
L'Amour a-t-il moins de charmes
    que Mars ?
Volage Alfred, etc.

Si quelque jour tu te rappelais celle
Unie à toi par le plus doux lien,
Reviens calmer sa douleur trop
   cruelle,
Reviens lui rendre ou ton cœur
   ou le sien.
Volage Alfred...., ingrat que j'aime
   encore,
Rappelle – toi nos soupirs, nos
   tourmens ;
Rappelle-toi la triste Eléonore,
Et nos plaisirs et tes sermens.

∿∿∿∿∿∿∿∿∿∿∿∿∿∿∿∿∿∿

A MADEMOISELLE ***

Air : *Si Dorilas médit des Femmes.*

Vous dont l'esprit fait la parure
Et sait vous prêter des attraits,
Qui suivez en tout la nature
Sans vous en écarter jamais ;
Vous n'avez point à craindre celle
Dont l'art est l'unique recours ;
La femme aimable est toujours
   belle,
La belle ne l'est pas toujours.

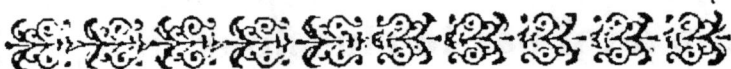

LE SIRE DE COUCY.

PARTANT POUR LA CROISADE.

Air : *Le Roi des preux, le fier Roland.*

LA Foi nous prête son flambeau,
Dieu nous appelle en Palestine ;
A venger le pieux tombeau
Son ordre sacré nous destine.
Malheur donc, malheur au guerrier
Que la peur enchaîne au rivage !
Le Seigneur parle, chevalier,
Partons. Tout brave est du voyage.

Ne souffrons plus qu'un Sarrasin
De son temple outrage l'enceinte,
Et qu'il ose, aux bords du Jourdain,
Sous ses pieds fouler la Croix
    sainte.
Malheur donc, malheur au guer-
    rier
Que la peur enchaîne au rivage !
Le Seigneur parle, chevalier,
Partons. Tout brave est du voyage.

Prépare tes jeux, tes tournois,
Nous te reverrons, belle France ;
Sous la bannière de ses Rois
Quel preux ne marche en assu-
  rance ?
Malheur donc, malheur au guerrier
Que la peur enchaîne au rivage !
Le Seigneur parle, chevalier,
Partons. Tout brave est du voyage.

Quel triomphe ! quel plus beau
  jour !
Pour nous plus d'amante rebelle :
Et le plus brave, à son retour,
Aura le cœur de la plus belle.
Malheur donc, malheur au guerrier
Que la peur enchaîne au rivage !
Le Seigneur parle, chevalier,
Partons. Tout brave est du voyage.

LE VOISIN ET LA VOISINE.

CHANSONNETTE.

Air : *Avec vous sous le même toit.*

Si Dieu nous a mis ici-bas,
C'est pour y vivre tous en frères ;
Bien peu de gens suivent, hélas !
Cette loi du meilleur des pères.
L'homme, inquiet, jaloux et vain,
Ne souffre pas qui le domine ;
Mais vit-on jamais un voisin
Qui n'ait pas aimé sa voisine ?

Contre moi le sort ennemi
Parfois s'irrite et se déchaîne ;
Mon voisin me tient lieu d'ami,
Je vais lui raconter ma peine.
A braver les coups du destin,
Lorsque mon cœur se détermine,
Tous les beaux discours du voisin
Font moins qu'un mot de la voisine.

Lorsque Comus et la gaîté
Viennent nous réunir à table,
Tout respire la liberté ;
On est jaloux, on est aimable.

Le plaisir préside au festin ;
On cherche à plaire à la sourdine.
Qu'il est à plaindre le voisin
Qui se trouve alors sans voisine !

Quand ces enragés Musulmans
Aux Grecs font mordre la poussière,
Livrons des combats moins san-
    glans,
Le verre en main, faisons la guerre :
Que sans cesse le dieu du vin
Nous verse sa liqueur divine,
Et que chacun, en bon voisin,
Boive à son aimable voisine.

Mesdames, si dans ma chanson
J'ai mérité votre suffrage,
A ma voisine avec raison
Je dois en rapporter l'hommage.
Mais pour prix de l'heureux refrain
Qu'a chanté ma muse badine,
Permettez que chaque voisin
Embrasse trois fois sa voisine.

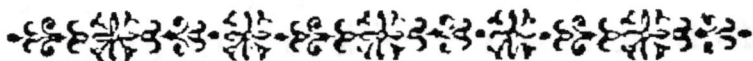

A MADEMOISELLE. ***

Le jour de sa fête, en lui offrant
un bouquet de roses.

Air : *Avec vous sous le même toit.*

On célèbre avec des soucis
Un triste hymen de convenance ;
Avec des myrtes et des lis
Nous fêtons nos Princes en France ;
Un amant doit être fêté
Avec des iris demi-closes ;
Mais quand on fête la beauté,
Ce n'est jamais qu'avec des roses.

Ces fleurs maintenant sont à vous ;
Qui ne voudrait être à leur place ?
Qu'elles vont faire des jaloux !
Sur vous qu'elles auront de grâce !
Vous allez être leur appui.
O vous, qui parez toutes choses,
Si c'est votre fête aujourd'hui,
C'est aussi la fête des roses.

LILLE.-- Imprimerie de VANACKERE fils.

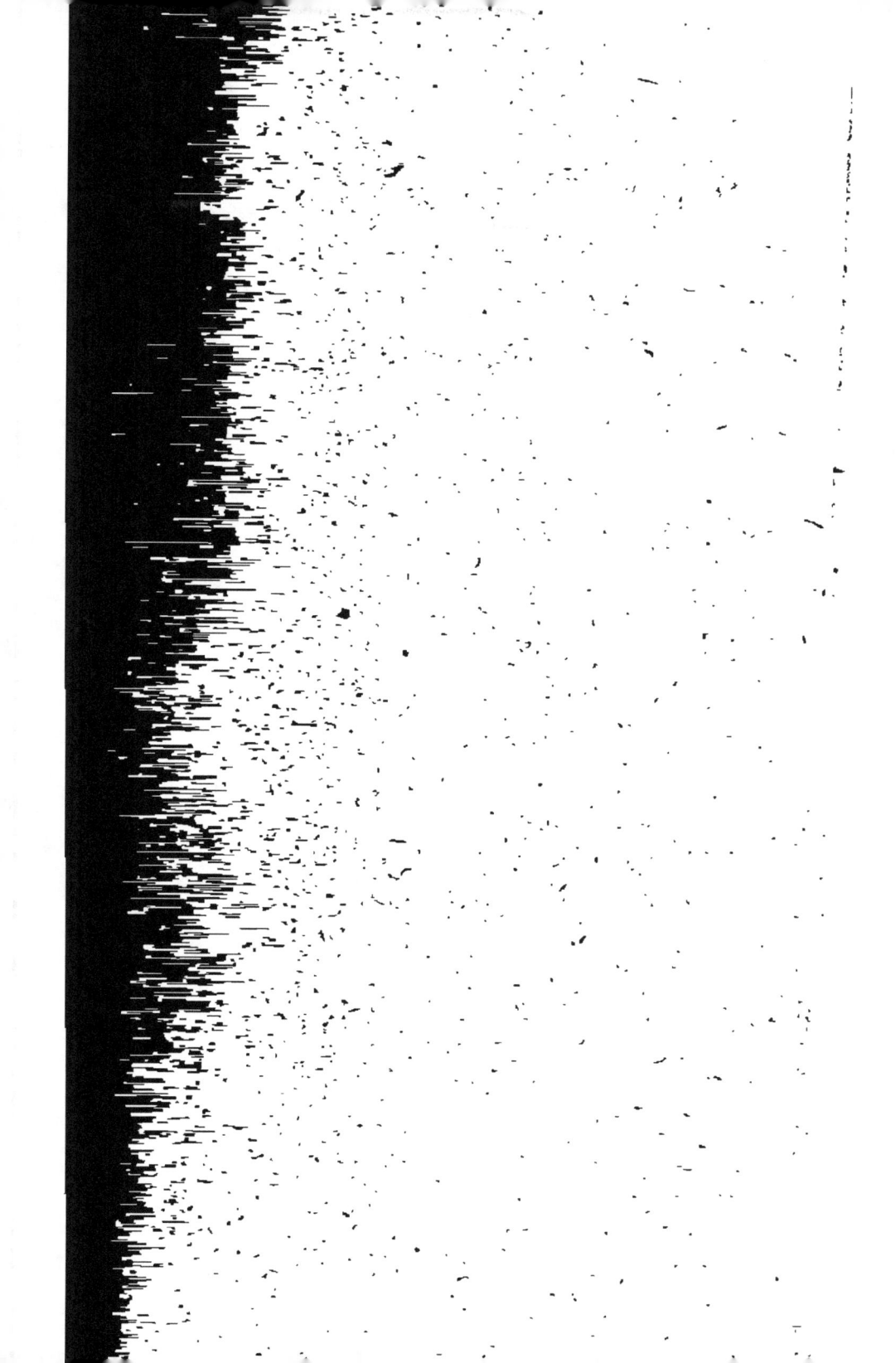